škola - escola		2
putovanje - viagem		5
transport - transporte		8
grad - cidade		10
krajolik - paisagem		14
restoran - restaurante		17
supermarket - supermercado		20
piće - bebidas		22
jelo - comida		23
seosko imanje - fazenda		27
kuća - casa		31
dnevni boravak - sala de estar		33
kuhinja - cozinha		35
kupatilo - banheiro		38
dječija soba - quarto de criança		42
odjeća - vestuário		44
ured - escritório		49
ekonomija - economia		51
zanimanja - profissões		53
alat - ferramentas		56
muzički instrumenti - instrumentos musicais		57
zološki vrt - zoológico		59
sport - esportes		62
aktivnosti - atividades		63
porodica - família		67
tijelo - corpo		68
bolnica - hospital		72
hitna pomoć - emergência		76
Zemlja - Terra		77
sat - relógio		79
sedmica, nedjelja - semana		80
godina - ano		81
oblici - formas		83
boje - cores		84
suprotnosti - opostos		85
brojevi - números		88
jezici - idiomas		90
ko / šta / gdje - quem / o quê / como		91
gdje - onde		92

AF205610

Impressum
Verlag: BABADADA GmbH, Nedderfeld 112 , 22529 Hamburg
Geschäftsführer / Verlagsleitung: Harald Hof
Druck: Books on Demand GmbH, In de Tarpen 42, 22848 Norderstedt

Imprint
Publisher: BABADADA GmbH, Nedderfeld 112 , 22529 Hamburg, Germany
Managing Director / Publishing direction: Harald Hof
Print: Books on Demand GmbH, In de Tarpen 42, 22848 Norderstedt, Germany

škola
escola

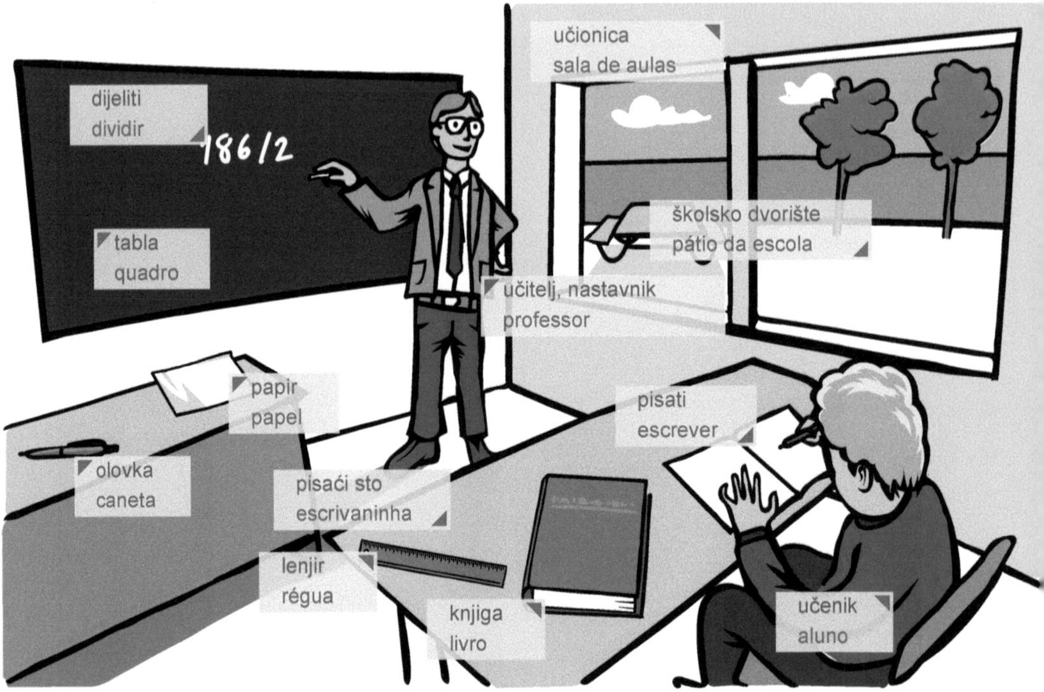

učionica
sala de aulas
dijeliti
dividir
186/2
tabla
quadro
školsko dvorište
pátio da escola
učitelj, nastavnik
professor
papir
papel
pisati
escrever
olovka
caneta
pisaći sto
escrivaninha
lenjir
régua
knjiga
livro
učenik
aluno

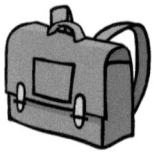

torba
sacola

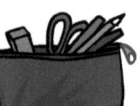

pernica
estojo de lápis

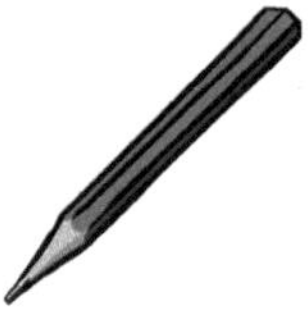

drvena olovka
lápis

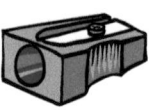

šiljalo za olovke
apontador de lápis

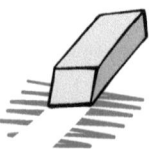

gumica
borracha

blok za crtanje
bloco de desenho

crtež

desenho

kist

pincel

kutija s bojama

estojo de tintas

makaze

tesoura

ljepilo

cola

vježbanka

livro de exercícios

domaća zadaća

lição de casa

broj

número

sabirati

somar

oduzimati

subtrair

množiti

multiplicar

računati

calcular

slovo

letra

abeceda

alfabeto

riječ

palavra

tekst

texto

čitati

ler

kreda

giz

sat

hora

školski dnevnik

registro da classe

ispit

exame

svjedočanstvo

certificado

školska uniforma

uniforme escolar

izobrazba

educação

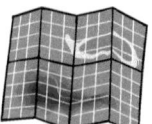

leksikon

enciclopédia

univerzitet

universidade

mikroskop

microscópio

karta

mapa

korpa za papir

cesto de lixo

škola - escola

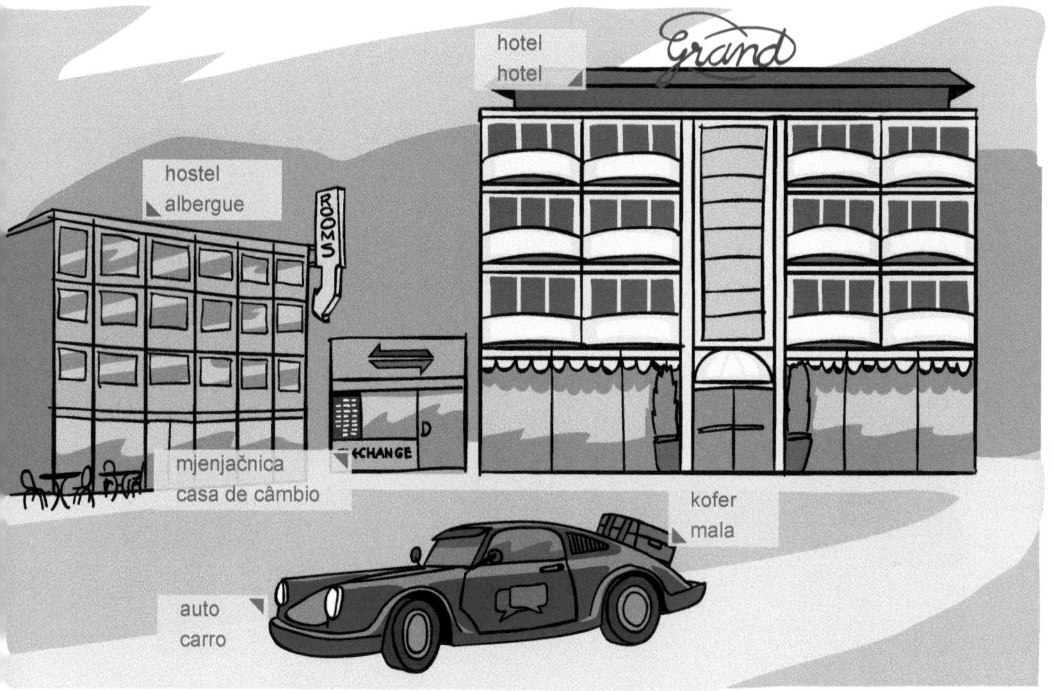

hotel
hotel
Grand
hostel
albergue
ROOMS
mjenjačnica
casa de câmbio
kofer
mala
auto
carro

jezik

idioma

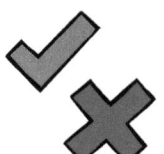

da / ne

sim / não

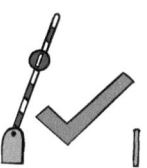

okej

ok

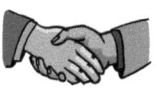

zdravo

Olá

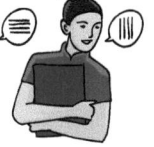

tumač

tradutor

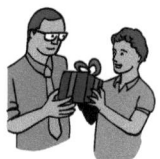

hvala

obrigado

Koliko košta...?

quanto custa...?

Ne razumijem

eu não entendo

problem

problema

dobro veče!

boa noite!

Dobro jutro!

Bom dia!

Laku noć!

Boa noite!

doviđenja

até logo

smjer

direção

prtljag

bagagem

torba

bolsa

ruksak

mochila

gost

convidado

soba

quarto

vreća za spavanje

saco de dormir

šator

barraca

turističke informacije

informação turística

plaža

praia

kreditna kartica

cartão de crédito

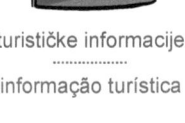

doručak

café da manhã

ručak

almoço

večera

jantar

putna karta

bilhete

lift

elevador

poštanska markica

selo

granica

fronteira

carina

alfândega

ambasada

embaixada

viza

visto

pasoš

passaporte

transport
transporte

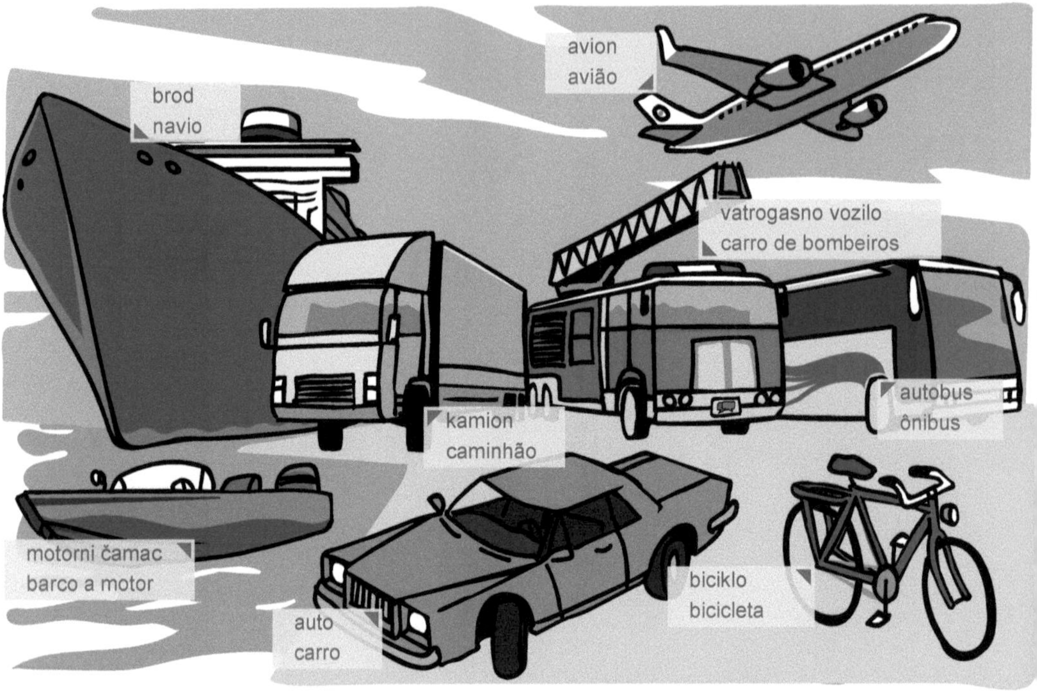
avion
avião
brod
navio
vatrogasno vozilo
carro de bombeiros
autobus
ônibus
kamion
caminhão
motorni čamac
barco a motor
biciklo
bicicleta
auto
carro

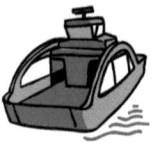

trajekt

balsa

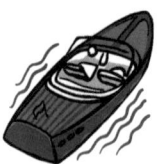

brod

barco

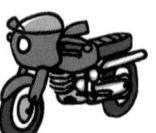

motocikl

motocicleta

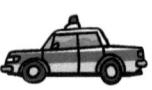

policijski automobil

veículo policial

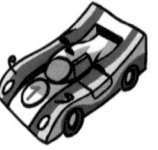

trkaći automobil

carro de corrida

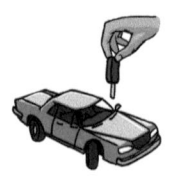

unajmljeni automobil

carro de aluguel

kar-šering

compartilhamento de automóvel

pauk

caminhão de reboque

smećarsko vozilo

caminhão de lixo

motor

motor

gorivo

combustível

benzinska pumpa

posto de gasolina

saobraćajni znak

placa de trânsito

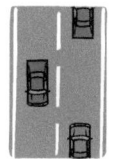

saobraćaj

trânsito

zastoj

trânsito lento

parking

estacionamento

željeznička stanica

estação de trem

šine

trilhos

voz

trem

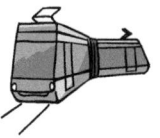

tramvaj

bonde

vagon

vagão

helikopter

helicóptero

aerodrom

aeroporto

toranj

torre

putnik

passageiro

kontejner

contêiner

karton

cartolina

tačke

carroça

korpa

cesto

poletjeti / sletjeti

decolar / pousar

grad
cidade

selo

vilarejo

centar grada

centro da cidade

kuća

casa

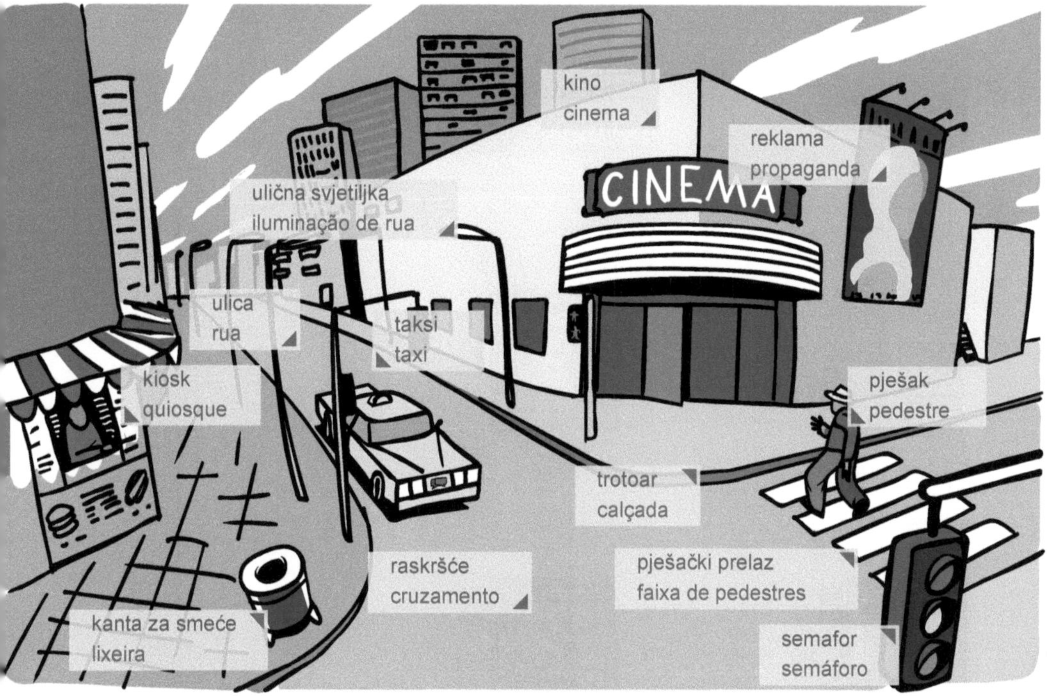

kino
cinema

reklama
propaganda

ulična svjetiljka
iluminação de rua

CINEMA

ulica
rua

taksi
taxi

kiosk
quiosque

pješak
pedestre

trotoar
calçada

raskršće
cruzamento

pješački prelaz
faixa de pedestres

kanta za smeće
lixeira

semafor
semáforo

koliba

cabana

stan

apartamento

željeznička stanica

estação de trem

vjećnica

prefeitura

muzej

museu

škola

escola

univerzitet

universidade

banka

banco

bolnica

hospital

hotel

hotel

apoteka

farmácia

ured

escritório

knjižara

livraria

radnja

loja

cvjećara

floricultura

supermarket

supermercado

pijaca

mercado

robna kuća

loja de departamentos

prodavač ribe

peixaria

trgovački centar

centro comercial

luka

porto

park
parque

klupa
banco

most
ponte

stepenice
escadas

podzemna željeznica
metrô

tunel
túnel

autobuska stanica
ponto de ônibus

bar
bar

restoran
restaurante

poštanski sandučić
caixa de correspondência

saobraćajni znak
placa de rua

sat za naplatu parkinga
parquímetro

zološki vrt
zoológico

bazen
piscina

džamija
mesquita

seosko imanje

fazenda

zagađenje okoline

poluição

groblje

cemitério

crkva

igreja

igralište

parquinho

hram

templo

krajolik

paisagem

list
folha

putokaz
placa de sinalização

putokaz
caminho

livada
gramado

kamen
pedra

drvo
árvore

putnik
caminhantes

rijeka
rio

trava
grama

cvijet
flor

dolina
vale

brdo
montanha

jezero
lago

šuma
floresta

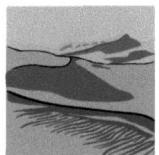

pustinja
deserto

vulkan
vulcão

dvorac
castelo

duga
arco-íris

gljiva
cogumelo

palma
palmeira

komarac
mosquito

muha
mosca

mrav
formiga

pčela
abelha

pauk
aranha

buba

besouro

žaba

sapo

vjeverica

esquilo

jež

ouriço

zec

lebre

sova

coruja

ptica

pássaro

labud

cisne

divlja svinja

javali

jelen

veado

los

alce

brana

barragem

vjetrenjača

aerogerador

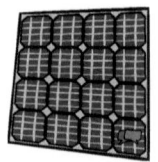

solarni modul

painel solar

klima

clima

krajolik - paisagem

restoran
restaurante

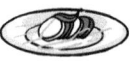

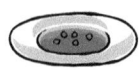

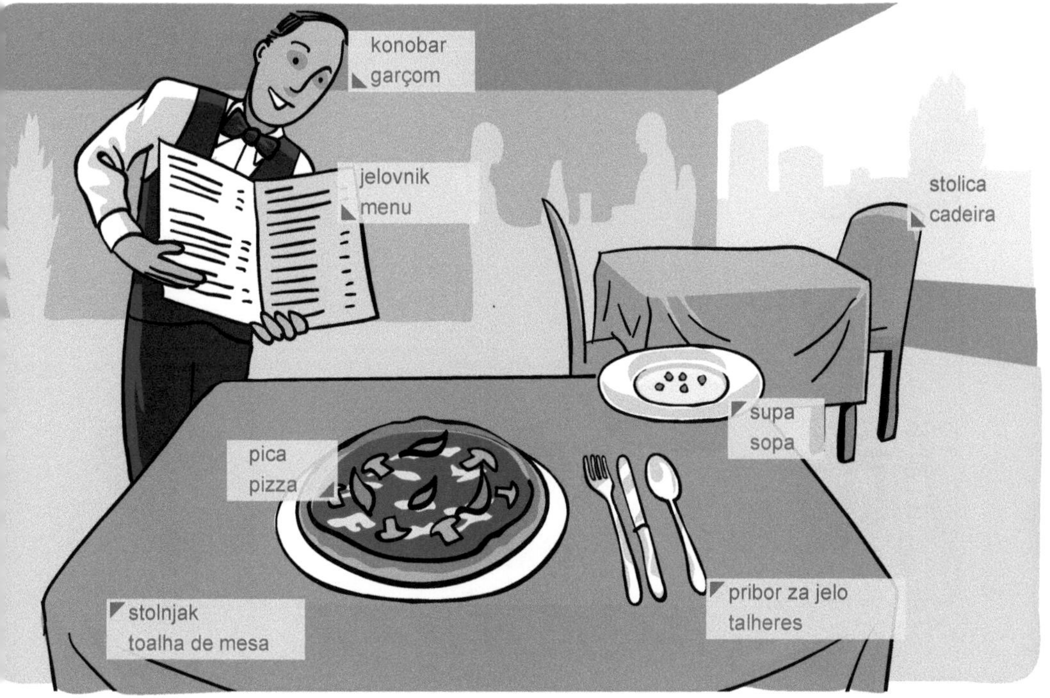
konobar
garçom
jelovnik
menu
stolica
cadeira
supa
sopa
pica
pizza
pribor za jelo
talheres
stolnjak
toalha de mesa

predjelo
entrada

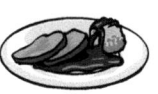

glavno jelo
prato principal

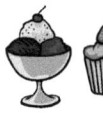

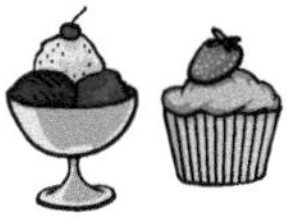

desert
sobremesa

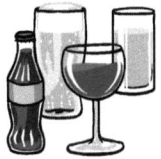

piće
bebidas

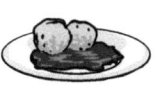

jelo
comida

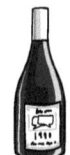

flaša
garrafa

brza hrana

fastfood

jelo sa ulice

comida de rua

čajnik

bule de chá

šećernica

açucareiro

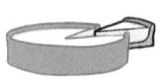

porcija

porção

mašina za espreso

máquina de expresso

barska stolica

cadeirão

račun

conta

tacna

bandeja

nož

faca

viljuška

garfo

kašika

colher

kašičica

colher de chá

salveta

guardanapo

čaša

copo

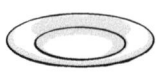

tanjir

prato

tanjir za supu

prato de sopa

tanjurić

pires

sos

molho

solanik

saleiro

mlin za biber

moedor de pimenta

sirće

vinagre

ulje

óleo

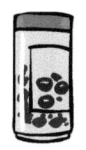

začini

especiarias

kečap

ketchup

senf

mostarda

majoneza

maionese

supermarket

supermercado

ponuda
oferta especial
FOR
klijent
cliente
mliječni proizvodi
laticínios
voće
frutas
kolica za kupovinu
carrinho de compras

BUTCHERS

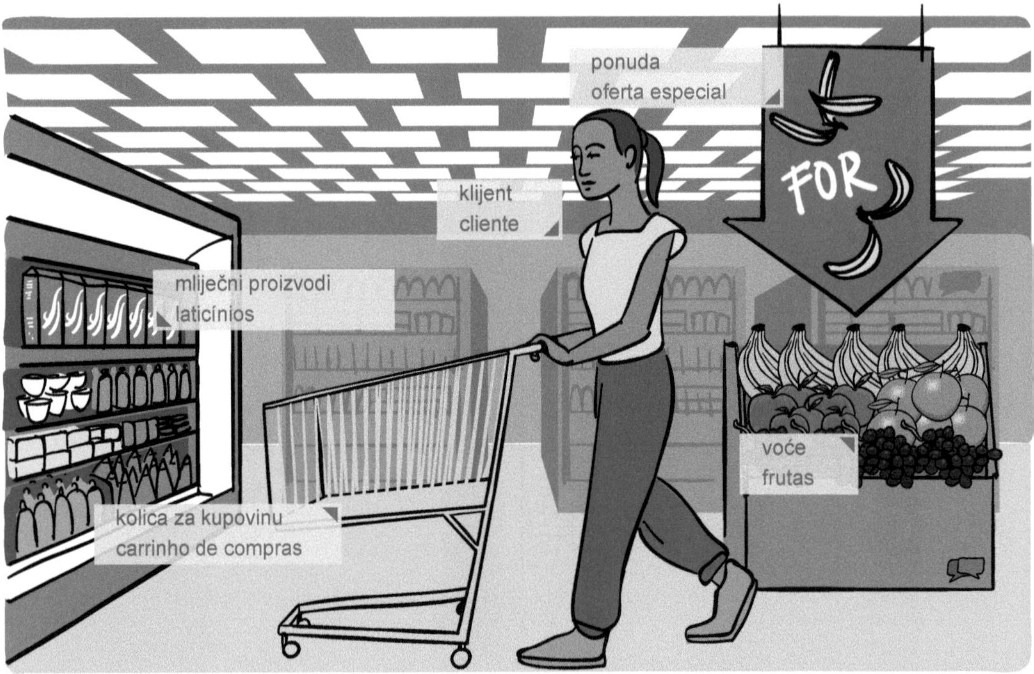

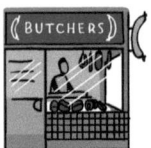

mesnica- klaonica

açougue

BAKERY

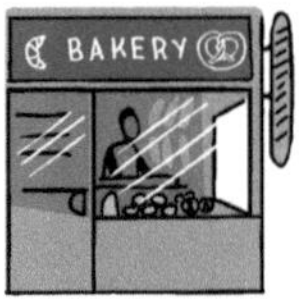

pekara

padaria

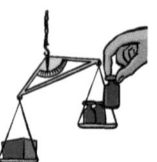

vagati

pesar

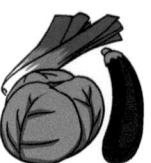

povrće

legumes

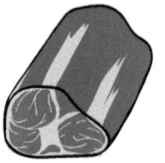

meso

carne

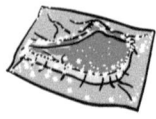

zaleđena hrana

congelados

narezak

charcutaria

konzerve

conservas

prašak za veš

detergente em pó

slatkiši

doces

kućanski proizvodi

artigos domésticos

sredstvo za čišćenje

produtos de limpeza

prodavačica

vendedora

kasa

caixa

blagajnik

caixa

lista za kupovinu

lista de compras

radno vrijeme

horário de funcionamento

novčanik

carteira

kreditna kartica

cartão de crédito

torba

sacola

najlonska vrećica

saco plástico

voda
água

sok
suco

mlijeko
leite

kola
coca-cola

vino
vinho

pivo
cerveja

alkohol
álcool

kakao
cacau

čaj
chá

kafa
café

espreso
expresso

kapućino
cappuccino

banana

banana

jabuka

maçã

narandža

laranja

lubenica

melão

limun

limão

mrkva

cenoura

bijeli luk

alho

bambus

bambu

crveni luk

cebola

gljiva

cogumelo

orašasti plodovi

nozes

pasta

macarrão

špagete

espaguete

riža

arroz

salata

salada

pomfrit

batatas fritas

pečeni krompir

batatas frias

pica

pizza

hamburger

hambúrger

sendvič

sanduíche

šnicla

escalope

šunka

presunto

kobasica

salame

kobasica

salsicha

kokoš

galinha

pečenje

assado

riba

peixe

zobene pahuljice

flocos de aveia

muzli

granola

kornfleks

flocos de milho

brašno

farinha

kroason

croissant

zemičke

pãozinho

kruh

pão

tost

torrada

keksi

biscoitos

maslac

manteiga

svježi sir

requeijão

kolač

bolo

jaje

ovo

jaje na oko

ovo frito

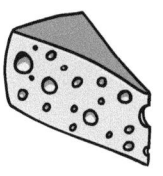

sir

queijo

sladoled	šećer	med
sorvete	açúcar	mel

marmelada	nugat krema	kuri
geleia	creme de avelãs	curry

seosko imanje
fazenda

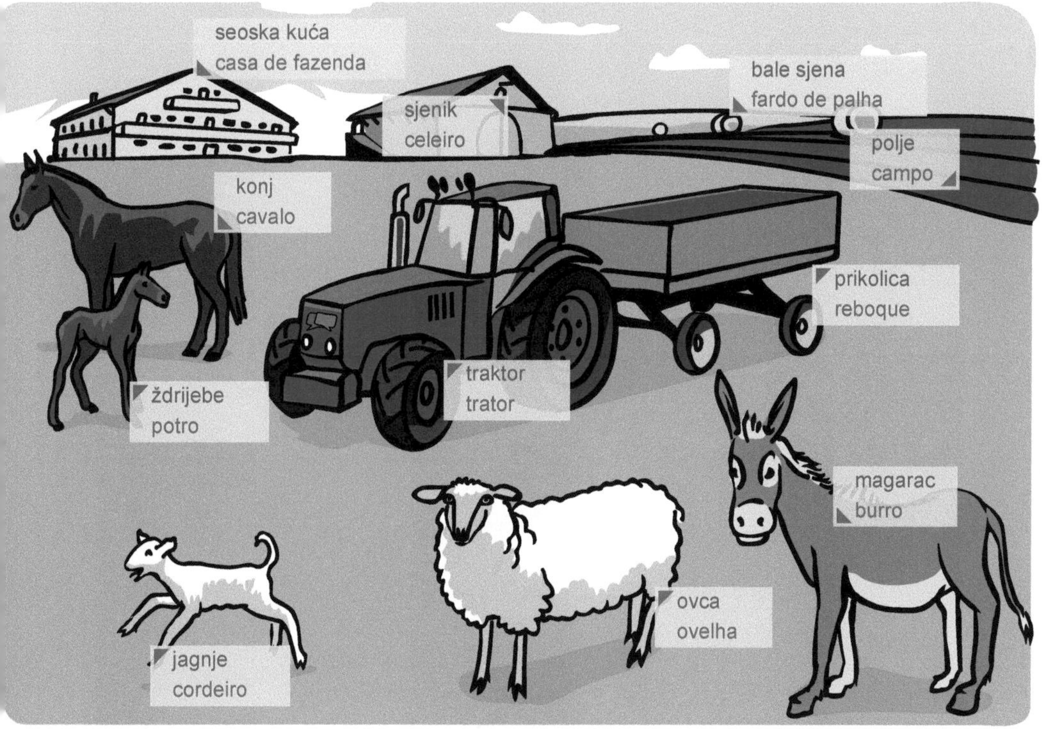

seoska kuća
casa de fazenda
bale sjena
fardo de palha
sjenik
celeiro
polje
campo
konj
cavalo
prikolica
reboque
traktor
trator
ždrijebe
potro
magarac
burro
ovca
ovelha
jagnje
cordeiro

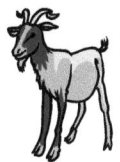

koza

cabra

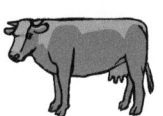

krava

vaca

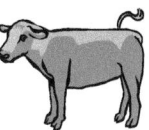

tele

bezerro

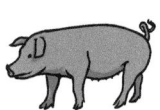

svinja

porco

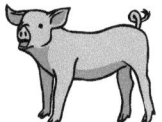

prase

leitão

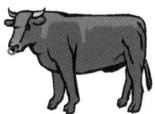

bik

touro

guska

ganso

patka

pato

pile

pintinho

kokoška

galinha

pjetao

galo

pacov

ratazana

mačka

gato

miš

camundongo

vol

boi

pas

cachorro

pseća kućica

casinha do cachorro

crijevo za baštu

mangueira de jardim

kanta za zalijevanje

regador

kosa

foice

plug

arado

seosko imanje - fazenda

srp

foice

motika

enxada

vile

forquilha

sjekira

machado

tačke

carrinho de mão

korito

manjedoura

bokal za mlijeko

jarra de leite

vreća

saco

ograda

cerca

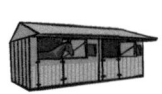

štala

estábulo

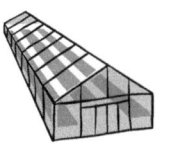

staklenik

estufa

tlo

solo

sjeme

semente

đubrivo

fertilizante

kombajn

colheitadeira

kositi
....
colher

žetva
....
colheita

jam korijen
....
inhame

pšenica
....
trigo

soja
....
soja

krompir
....
batata

kukuruz
....
milho

uljana repica
....
colza

drvo voća
....
árvore frutífera

manioka
....
mandioca

žito
....
cereais

kuća
casa

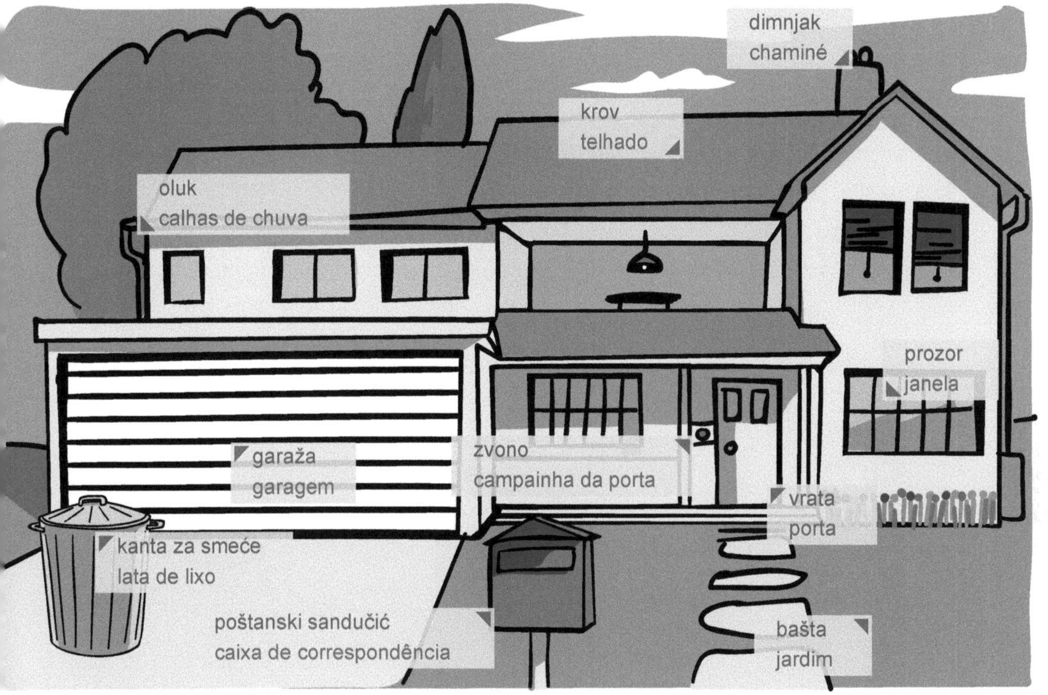
dimnjak
chaminé
krov
telhado
oluk
calhas de chuva
prozor
janela
garaža
garagem
zvono
campainha da porta
vrata
porta
kanta za smeće
lata de lixo
poštanski sandučić
caixa de correspondência
bašta
jardim

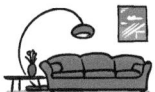

dnevni boravak

sala de estar

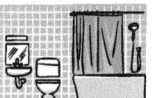

kupatilo

banheiro

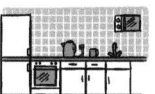

kuhinja

cozinha

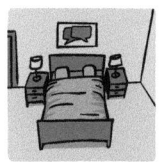

spavaća soba

quarto de dormir

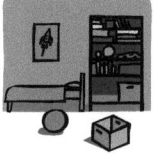

dječija soba

quarto de criança

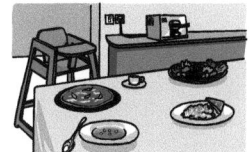

trpezarija

sala de jantar

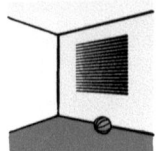

pod, tlo

chão

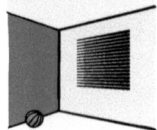

zid

parede

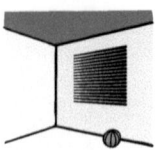

plafon

teto

podrum

porão

sauna

sauna

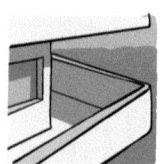

balkon

varanda

terasa

terraço

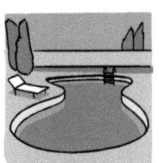

bazen

piscina

kosilica

cortador de grama

posteljina

lençol

pokrivač

coberta

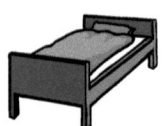

krevet

cama

metla

vassoura

kanta

balde

prekidač

interruptor

dnevni boravak
sala de estar

tapeta
papel de parede
fotografija
quadro
lampa
lâmpada
polica
prateleira
ormar
armário
televizija
televisão
dimnjak
lareira
cvijet
flor
jastuk
travesseiro
kauč
sofá
vaza
vaso
daljinski upravljač
controle remoto

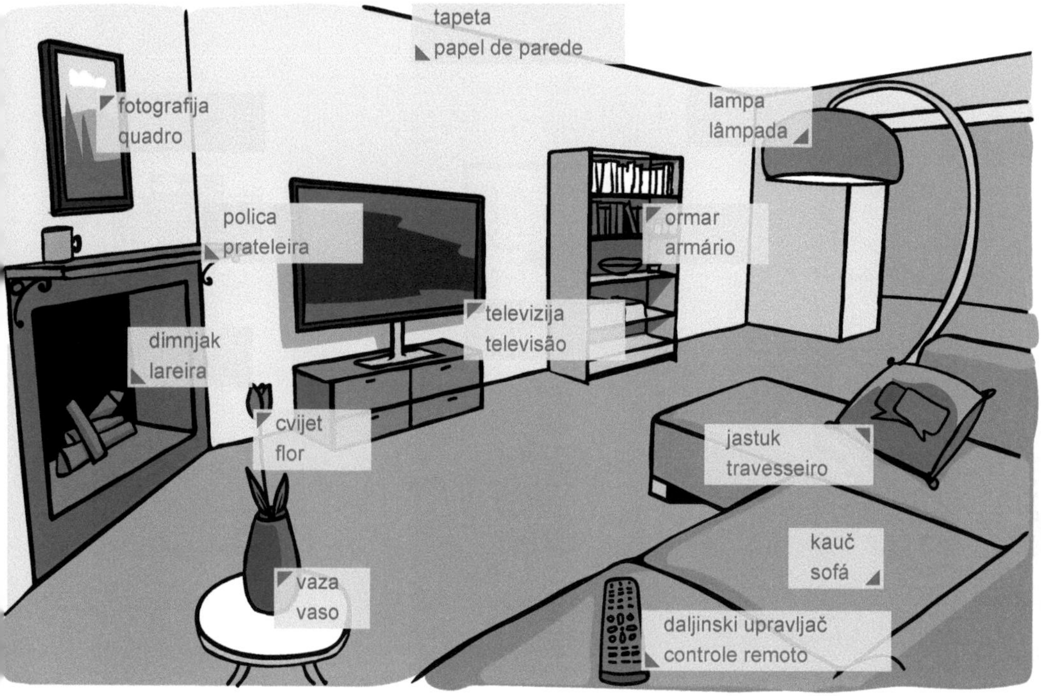

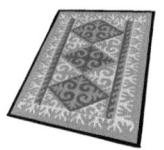

tepih
tapete

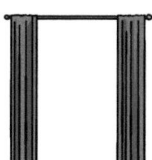

zavjesa
cortina

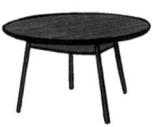

stol
mesa

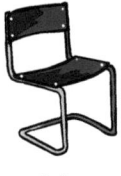

stolica
cadeira

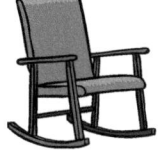

stolica za ljuljanje
cadeira de balanço

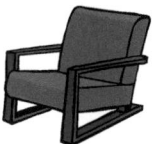

fotelja
poltrona

knjiga
livro

deka
cobertor

dekoracija
decoração

ložno drvo
lenha

film
filme

stereo uređaj
equipamento de som

ključ
chave

novine
jornal

umjetnička slika
pintura

poster
pôster

radio
rádio

blok za bilješke
bloco de notas

usisavač
aspirador

kaktus
cacto

svijeća
vela

kuhinja
cozinha

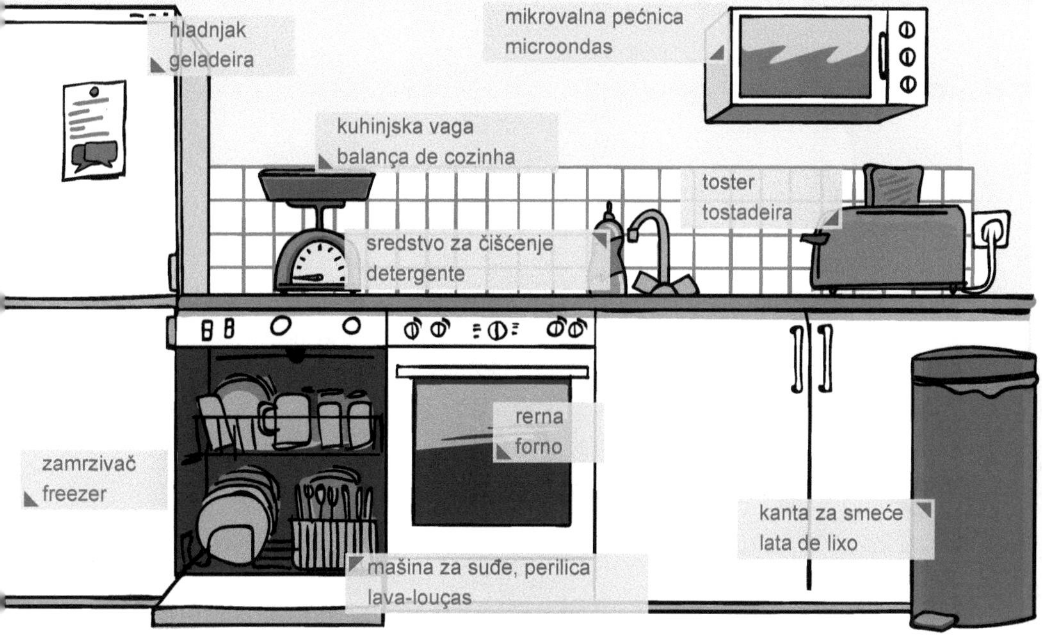

hladnjak
geladeira
mikrovalna pećnica
microondas
kuhinjska vaga
balança de cozinha
toster
tostadeira
sredstvo za čišćenje
detergente
rerna
forno
zamrzivač
freezer
kanta za smeće
lata de lixo
mašina za suđe, perilica
lava-louças

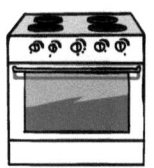

peć

fogão

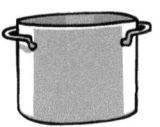

lonac

panela

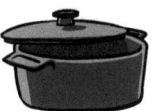

metalni lonac

panela de ferro

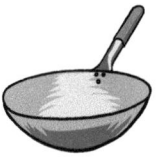

vok / kadai

wok / kadai

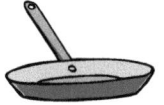

tava, tiganj

frigideira

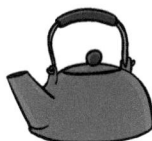

kuhalo

chaleira

aparat za kuhanje na pari

panela a vapor

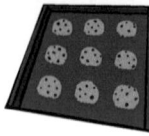

lim za pečenje

tabuleiro de forno

posuđe

louça

šalica

caneca

činija

caçarola

kineski štapići

hashi

kutlača

concha de sopa

lopatica

espátula

metlica za snijeg bjelanjca

batedor

sito za kuhanje

escorredor

sito

peneira

ribež

ralador

avan s tučkom

almofariz

roštilj

churrasqueira

ložište

lareira

kuhinja - cozinha

daska

tábua de cortar

oklagija

rolo da massa

vadičep

saca-rolhas

konzerva

lata

otvarač za konzerve

abridor de latas

krpe za lonac

pegador de panela

sudoper

pia

četka

escova

spužva

esponja

mikser

liquidificador

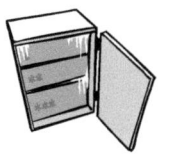

zamrzivač

congelador

flašica za bebu

mamadeira

slavina

torneira

kupatilo
banheiro

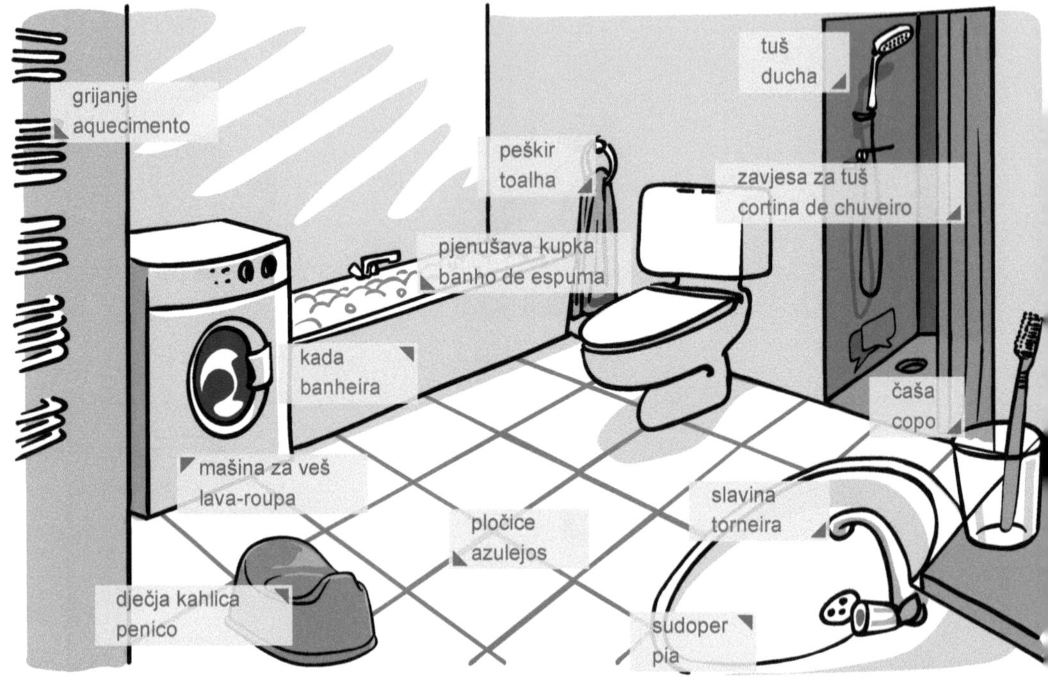
tuš
ducha
grijanje
aquecimento
peškir
toalha
zavjesa za tuš
cortina de chuveiro
pjenušava kupka
banho de espuma
kada
banheira
čaša
copo
mašina za veš
lava-roupa
slavina
torneira
pločice
azulejos
dječja kahlica
penico
sudoper
pia

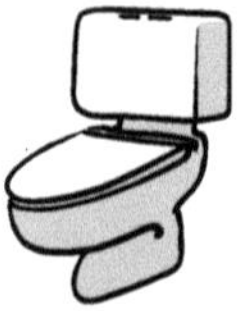

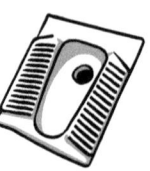

toalet
vaso sanitário

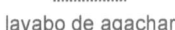

čučavac
lavabo de agachar

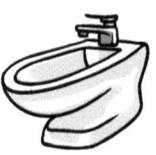

bide
bidê

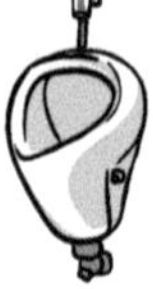

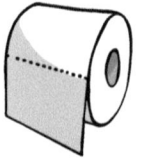

pisoar
mictório

toalet papir
papel higiênico

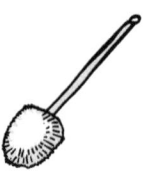

četka za wc
escova de privada

četkica za zube

escova de dentes

pasta za zube

pasta de dentes

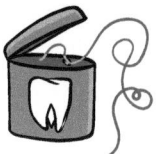

zubni konac

fio dental

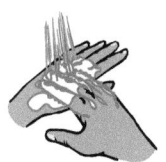

prati

lavar

tuš

ducha de mão

intimni tuš

ducha íntima

lavor

bacia

četka za leđa

escova para as costas

sapun

sabonete

gel za tuširanje

gel de banho

šampon

xampu

krpe za pranje

toalha de rosto

odvod

escoamento

krema

creme

dezodorans

desodorante

ogledalo

espelho

ogledalo za šminkanje

espelho de mão

brijač

barbeador

pjena za brijanje

espuma de barbear

vodica poslije brijanja

loção pós-barba

češalj

pente

četka

escova

fen

secador de cabelo

sprej za kosu

spray de cabelo

puder

maquiagem

karmin

batom

lak za nokte

esmalte de unhas

vata

algodão

makazice za nokte

tesoura para unhas

parfem

perfume

kozmetička torbica

nécessaire

hoklica

banquinho

vaga

balança

kupaći ogrtač

roupão de banho

rukavice za čišćenje

luvas de borracha

tampon

absorvente interno

uložak za dame

absorvente íntimo

hemijski toalet

banheiro químico

dječija soba
quarto de criança

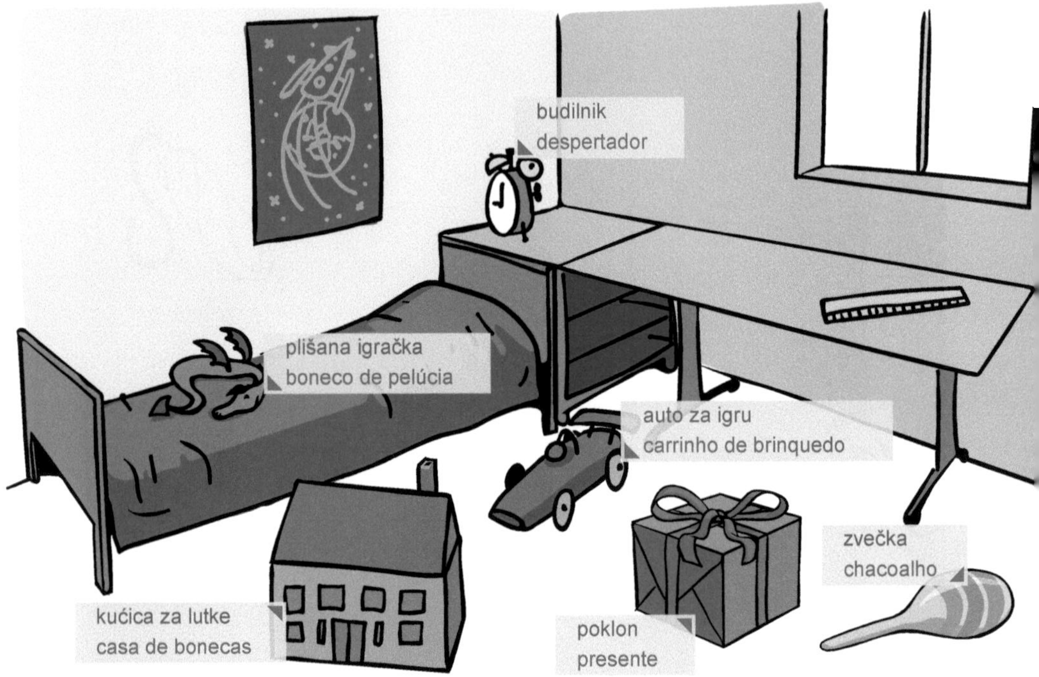
budilnik
despertador
plišana igračka
boneco de pelúcia
auto za igru
carrinho de brinquedo
zvečka
chacoalho
kućica za lutke
casa de bonecas
poklon
presente

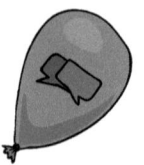

balon
balão

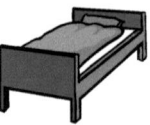

krevet
cama

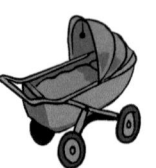

kolica za djecu
carrinho de bebê

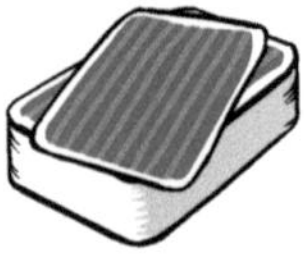

karte za igranje
jogo de cartas

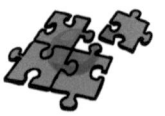

puzle
quebra-cabeças

SUPER
MEGA

strip
revista de quadrinhos

lego kockice

peças de Lego

kockice za gradnju

blocos de construção

akcione figure

figura de ação

benkica

macaquinho de bebê

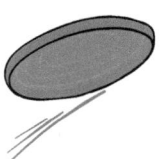

frizbi

frisbee

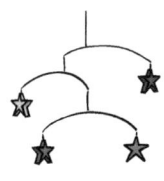

mobile

móbile para bebé

igra na ploči

jogo de tabuleiro

kocka

dados

miniatura željeznice

trenzinho elétrico

cucla

chupeta

zabava

festa

slikovnica

livro ilustrado

lopta

bola

lutka

boneca

igrati

brincar

pješćanik

caixa de areia

ljuljačka

balanço

igračke

brinquedos

konzola za igru

videogame

triciklo

triciclo

medvjedić

ursinho de pelúcia

ormar

guarda-roupa

odjeća
vestuário

kratke čarape

meias

čarape

meias pelo joelho

hulahopke

meias-calças

šal
cachecol

kišobran
guarda-chuva

kaiš
cinto

majica kratkih rukava
camiseta

čizme
botas

papuče
chinelos

patike
tênis

sandale
....
sandálias

cipele
....
sapatos

gumene čizme
....
botas de borracha

gaće
....
roupa de baixo

grudnjak
....
sutiã

potkošulja
....
camiseta de baixo

odjeća - vestuário

45

bodi

body

hlače

calças

farmerke

jeans

suknja

saia

bluza

blusa

košulja

camisa

džemper

pulôver

majica

suéter com capuz

sako

blazer

jakna

jaqueta

mantil

casaco

kišni mantil

gabardine

kostim

traje

haljina

vestido

vjenčanica

vestido de casamento

odijelo
terno

spavaćica
camisola

pidžama
pijama

sari
sari

marama
lenço de cabeça

turban
turbante

burka
burca

kaftan
cafetã

abaja
abaya

kupaći kostim
maiô

kupaće gaće
sunga

kratke hlače
shorts

trenerka
roupa de treino

pregača
avental

rukavice
luvas

dugme

botão

naočare

óculos

narukvica

pulseira

ogrlica

colar

prsten

anel

naušnica

brinco

kapa

boné

vješalica

cabide

šešir

chapéu

kravata

gravata

patentni zatvarač

zíper

kaciga

capacete

tregeri za hlače

suspensórios

školska uniforma

uniforme escolar

uniforma

uniforme

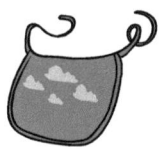

podbradak

babador

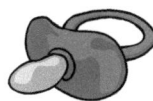

cucla

chupeta

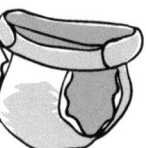

pelene

fralda

ured
escritório

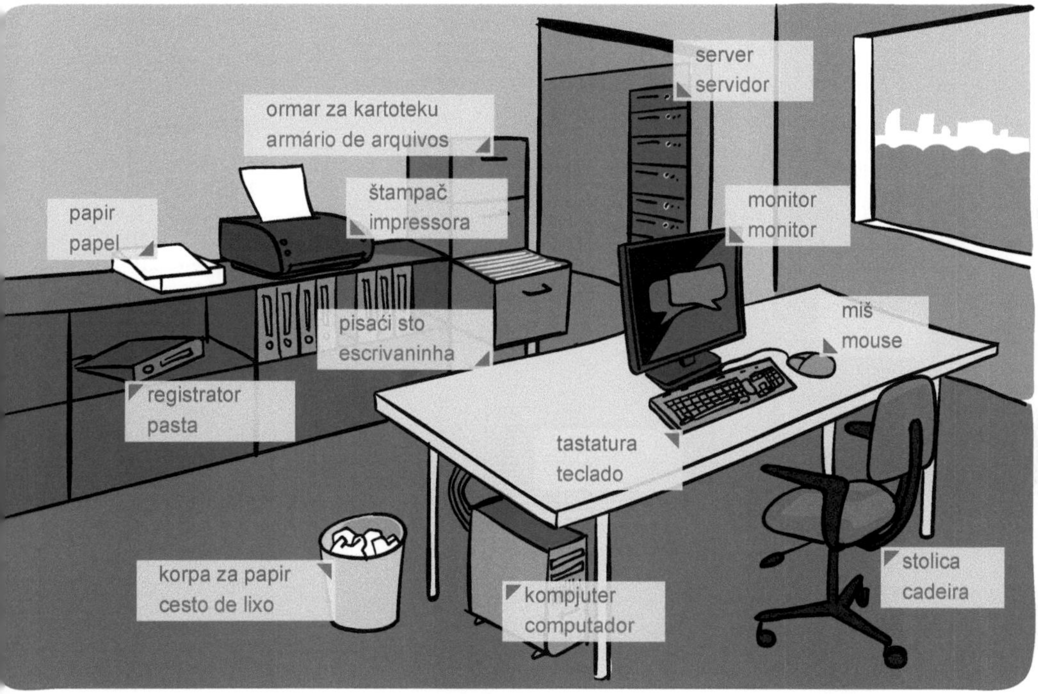

server
servidor
ormar za kartoteku
armário de arquivos
štampač
impressora
papir
papel
monitor
monitor
pisaći sto
escrivaninha
miš
mouse
registrator
pasta
tastatura
teclado
korpa za papir
cesto de lixo
kompjuter
computador
stolica
cadeira

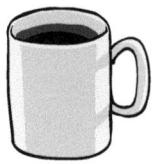

šolja za kafu

xícara de café

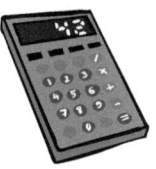

kalkulator

calculadora

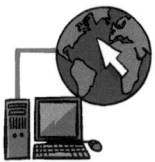

internet

internet

laptop
laptop

pismo
carta

poruka
mensagem

mobilni telefon
celular

mreža
rede

aparat za kopiranje
copiadora

softver
software

telefon
telefone

utičnica
tomada

faks
fax

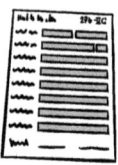

formular
formulário

dokument
documento

kupovati

comprar

platiti

pagar

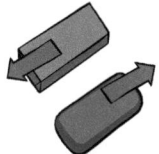

trgovati

negociar

novac

dinheiro

USD

dolar

Dólar

EUR

euro

Euro

JPY

jen

Yen

RUB

rublja

rublo

CHF

franak

franco suíço

CNY

renminbi jen

renminbi yuan

INR

rupi

rupia

bankomat

caixa eletrônico

mjenjačnica

casa de câmbio

zlato

ouro

srebro

prata

nafta

petróleo

energija

energia

cijena

preço

ugovor

contrato

porez

imposto

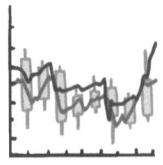

akcija

ação

raditi

trabalhar

službenik

empregado

poslodavac

empregador

fabrika

fábrica

radnja

loja

ekonomija - economia

zanimanja
profissões

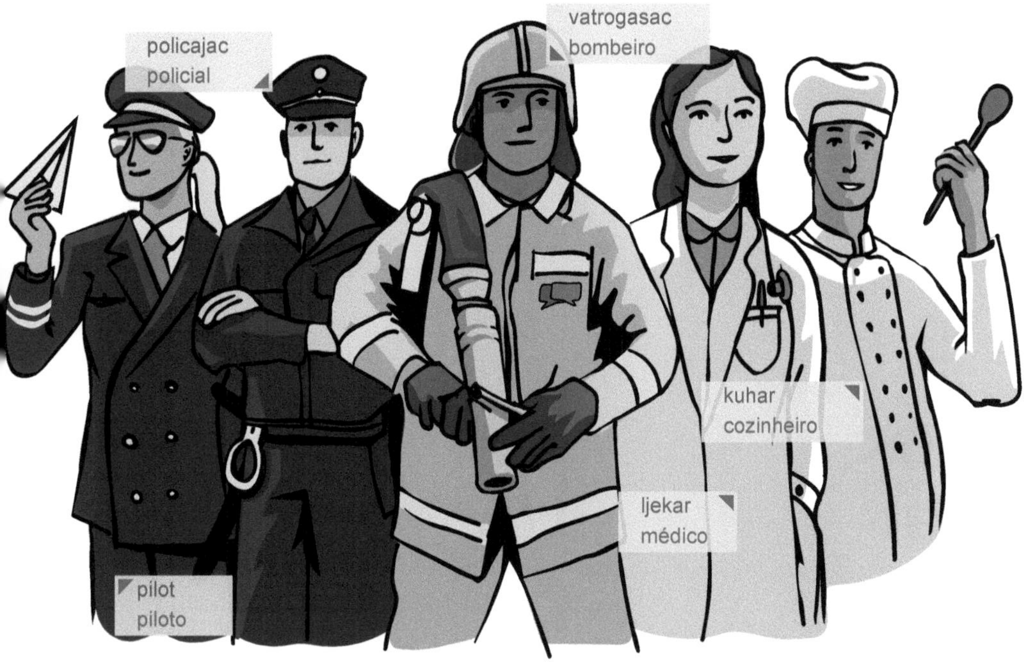
policajac
policial
vatrogasac
bombeiro
kuhar
cozinheiro
ljekar
médico
pilot
piloto

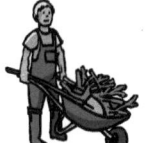

baštovan

jardineiro

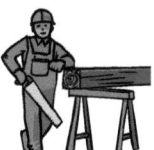

stolar

marceneiro

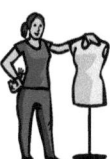

krojačica

costureira

sudija

juiz

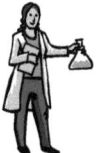

hemičar

químico

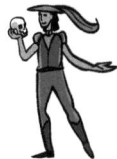

glumac

ator

vozač autobusa

motorista de ônibus

vozač taksija

motorista de táxi

ribar

pescador

čistačica

faxineira

krovopokrivač

telhador

konobar

garçom

lovac

caçador

moler

pintor

pekar

padeiro

električar

eletricista

građevinski radnik

construtor

inženjer

engenheiro

koljač

açougueiro

limar, vodoinstalater

encanador

poštar

carteiro

vojnik

soldado

arhitekta

arquiteto

blagajnik

caixa

cvjećar

florista

frizer

cabelereiro

kontrolor

condutor

mehaničar

mecânico

kapiten

capitão

zubar

dentista

naučnik

cientista

rabin

rabino

imam

imam

monah

monge

sveštenik

pastor

alat
ferramentas

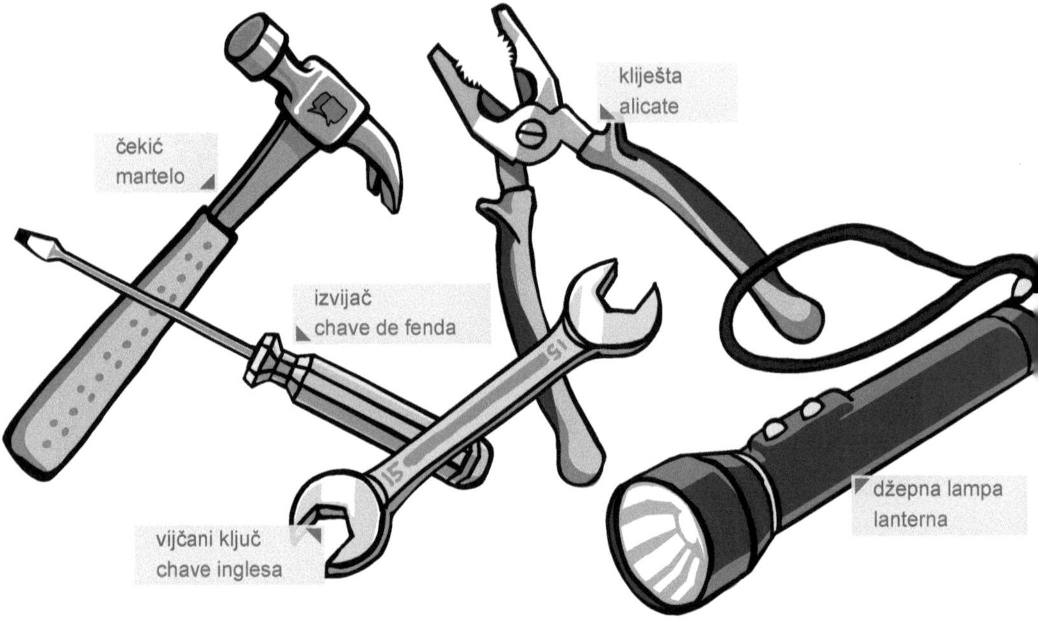

čekić
martelo
kliješta
alicate
izvijač
chave de fenda
vijčani ključ
chave inglesa
džepna lampa
lanterna

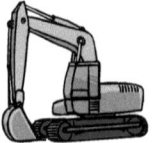

bager

escavadora

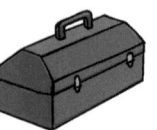

kutija sa alatom

caixa de ferramentas

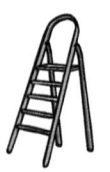

ljestve

escada de mão

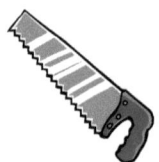

testera, pila

serra

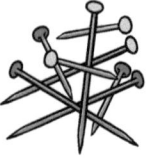

ekser

pregos

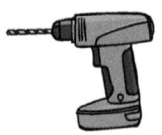

bušilica

furadeira

popraviti

consertar

lopata

pá

sranje!

Droga!

lopatica

pá de lixo

kanta boje

pote de tinta

vijak

parafusos

muzički instrumenti

instrumentos musicais

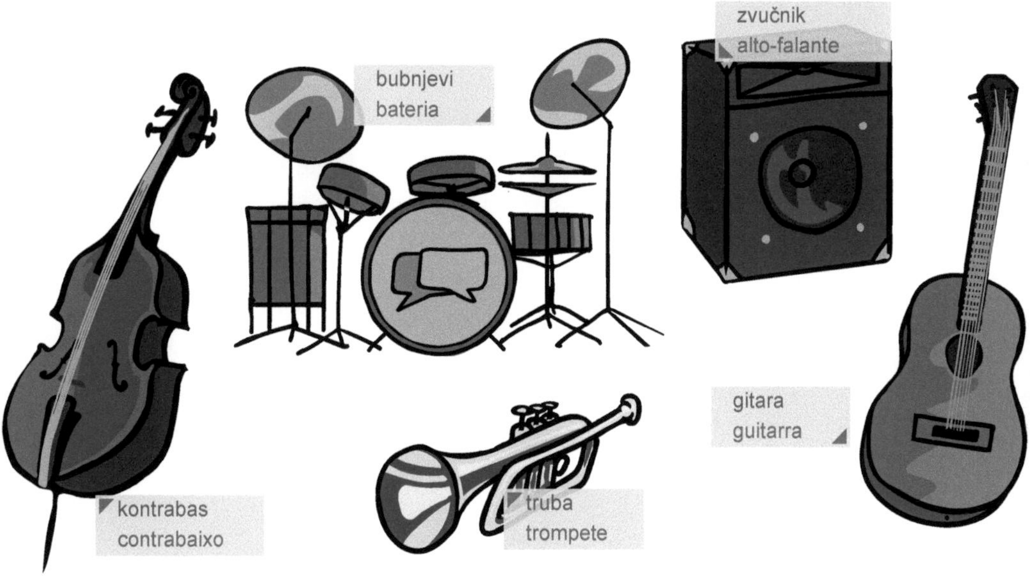

zvučnik
alto-falante

bubnjevi
bateria

gitara
guitarra

kontrabas
contrabaixo

truba
trompete

klavir

piano

violina

violino

bas

baixo

bubanj timpani

timbales

bubanj

tambor

sintisajzer

teclado

saksofon

saxofone

flauta

flauta

mikrofon

microfone

zološki vrt
zoológico

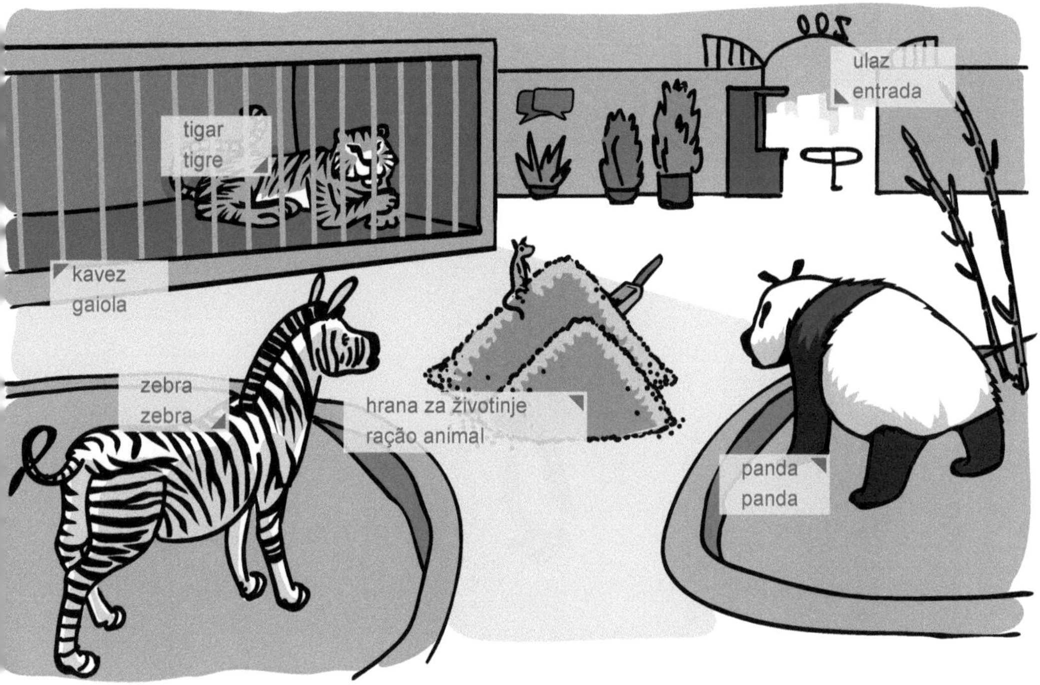
ulaz
entrada
tigar
tigre
kavez
gaiola
zebra
zebra
hrana za životinje
ração animal
panda
panda

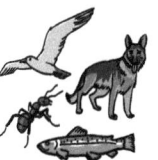

životinje
animais

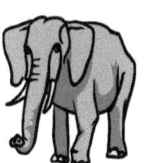

slon
elefante

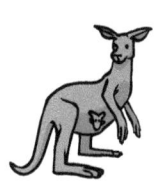

kengur
canguru

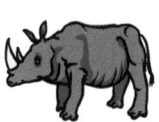

nosorog
rinoceronte

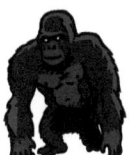

gorila
gorila

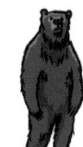

medvjed
urso

kamila

camelo

noj

avestruz

lav

leão

majmun

macaco

flamingo

flamingo

papagaj

papagaio

polarni medvjed

urso polar

pingvin

pinguim

morski pas

tubarão

paun

pavão

zmija

cobra

krokodil

crocodilo

čuvar u zološkom vrtu

guarda do zoológico

tuljan

foca

jaguar

jaguar

poni

pônei

leopard

leopardo

nilski konj

hipopótamo

žirafa

girafa

orao

águia

divlja svinja

javali

riba

peixe

kornjača

tartaruga

morž

morsa

lisica

raposa

gazela

gazela

američki fudbal
futebol americano

vožnja bicikla
ciclismo

tenis
tênis

košarka
basquete

plivanje
natação

boks
boxe

hokej na ledu
hóquei no gelo

fudbal
futebol

bedminton
badminton

laka atletika
atletismo

rukomet
handebol

skijanje
esqui

polo
polo

aktivnosti

atividades

skakati
pular
zagrliti
abraçar
smijati se
rir
ići
andar
pjevati
cantar
sanjati
sonhar
moliti
rezar
ljubiti
beijar

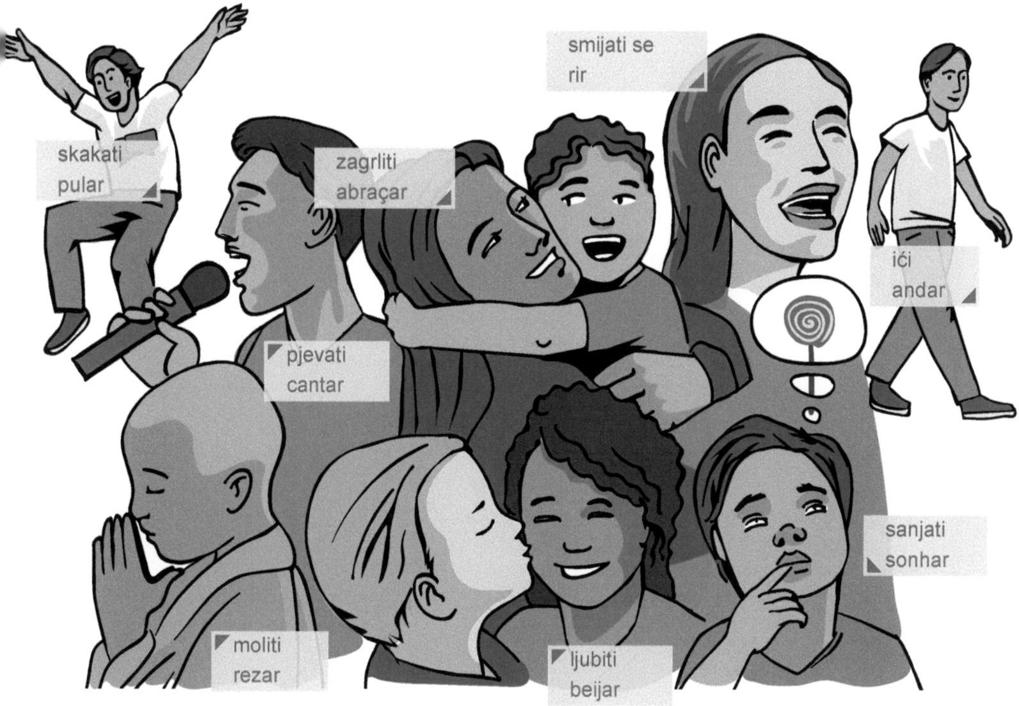

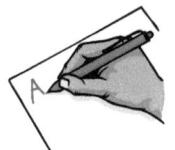

pisati
escrever

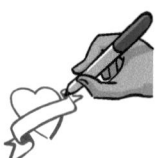

crtati
desenhar

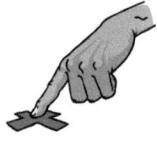

pokazati
mostrar

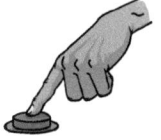

gurati
empurrar

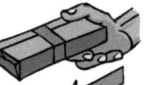

dati
dar

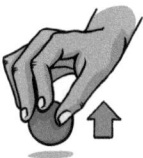

uzeti
tomar

imati
ter

raditi
fazer

biti
ser

stajati
ficar de pé

trčati
correr

vući
puxar

baciti
jogar

pasti
cair

ležati
deitar

čekati
esperar

nositi
carregar

sjediti
sentar

obući
vestir

spavati
dormir

probuditi
despertar

pogledati

olhar para

plakati

chorar

milovati

acariciar

češljati

pentear

govoriti

falar

razumjeti

entender

pitati

perguntar

slušati

ouvir

piti

beber

jesti

comer

pospremiti

arrumar

voljeti

amar

kuhati

cozinhar

voziti

dirigir

letjeti

voar

jedriti

velejar

računati

calcular

čitati

ler

učiti

aprender

raditi

trabalhar

vjenčavti

casar

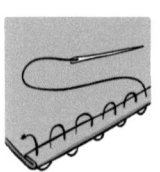

šiti

costurar

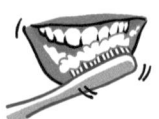

prati zube

escovar os dentes

ubiti

matar

pušiti

fumar

slati

enviar

baka
avô

djed
avô

otac
pai

majka
mãe

beba
bebê

kćerka
filha

sin
filho

gost

convidado

ujna, tetka, strina

tia

ujak, tetak, stric

tio

brat

irmão

sestra

irmã

tijelo

corpo

čelo
testa
oko
olho
leđa
ombro
prst
dedo
lice
rosto
brada
queixo
ruka, šaka
mão
grudi
peito
noga
perna
ruka
braço

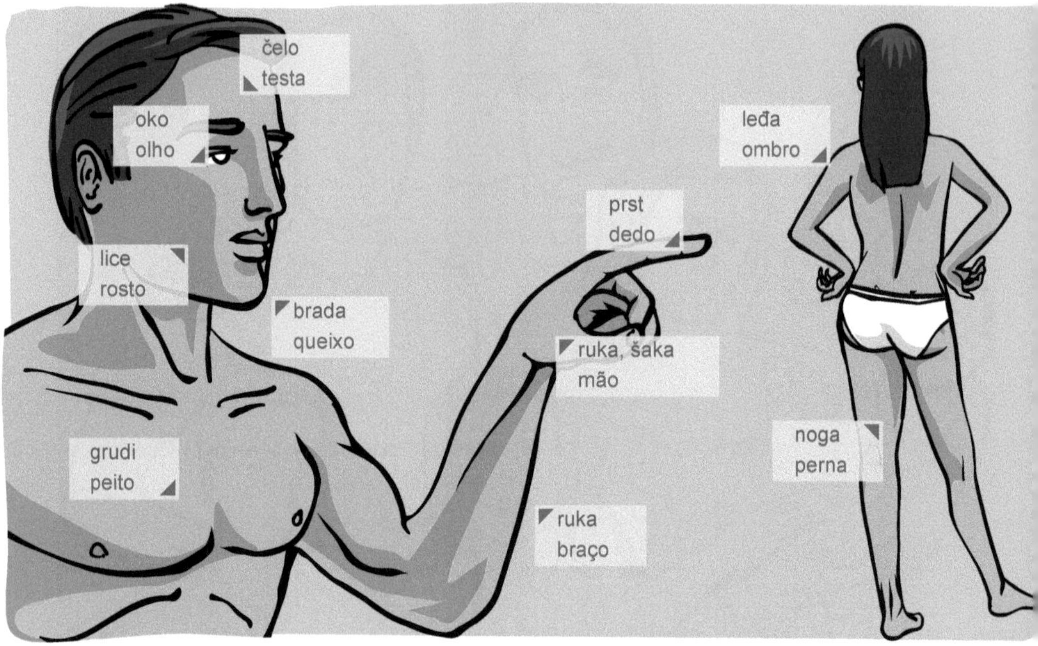

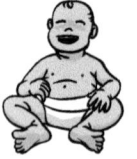

beba

bebê

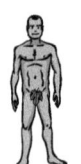

muškarac

homem

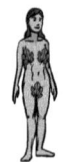

žena

mulher

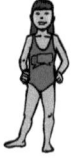

djevojčica

menina

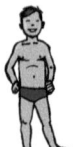

dječak

menino

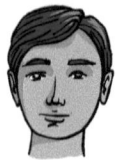

glava

cabeça

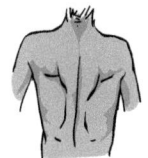

leđa

costas

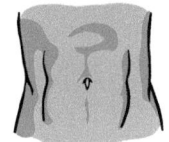

stomak

barriga

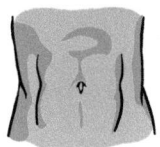

pupak

umbigo

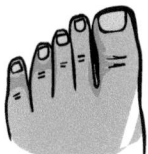

nožni prst

dedo do pé

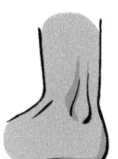

peta

calcanhar

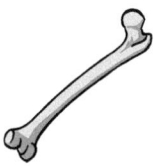

kosti

osso

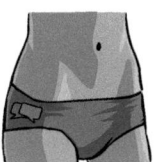

kuk

anca

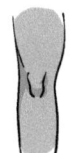

koljeno

joelho

lakat

cotovelo

nos

nariz

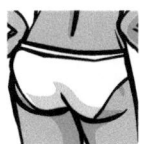

stražnjica

nádegas

koža

pele

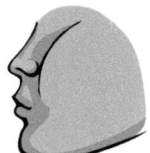

obraz

bochecha

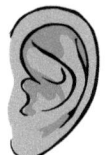

uho

orelha

usna

lábio

usta

boca

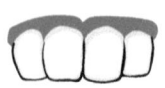

zub

dente

jezik

língua

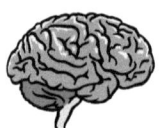

mozak

cérebro

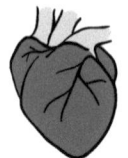

srce

coração

mišić

músculo

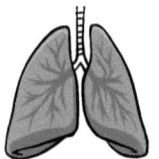

pluća

pulmão

jetra

fígado

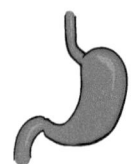

želudac

estômago

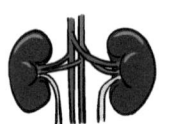

bubreg

rins

spolni odnos

relações sexuais

kondom

preservativo

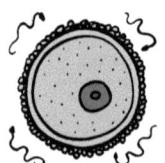

jajna ćelija

óvulo

sperma

esperma

trudnoća

gravidez

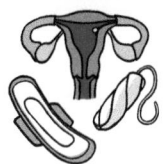

menstruacija

menstruação

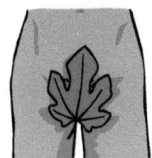

vagina

vagina

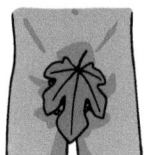

penis

pênis

obrva

sobrancelha

kosa

cabelo

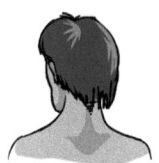

vrat

pescoço

bolnica
hospital

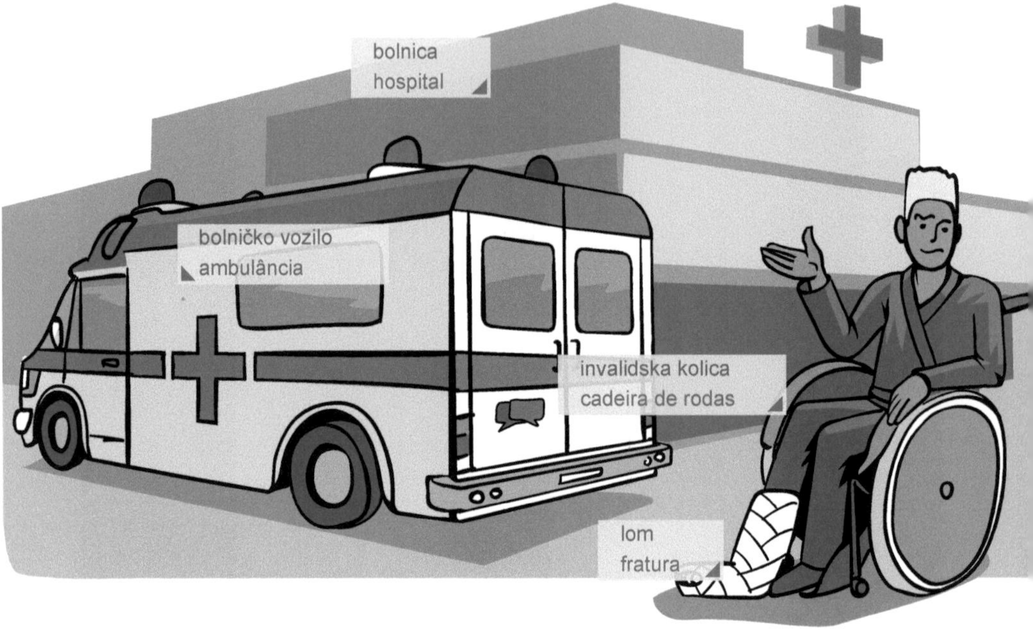

bolnica
hospital
bolničko vozilo
ambulância
invalidska kolica
cadeira de rodas
lom
fratura

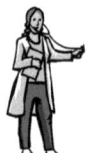

ljekar
médico

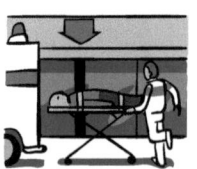

hitna služba
pronto-socorro

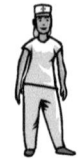

medicinska sestra
enfermeira

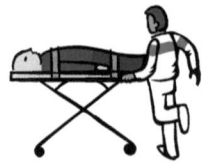

hitna pomoć
emergência

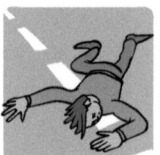

nesvjest
inconsciente

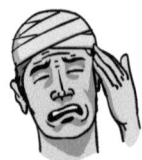

bol
dor

povreda

ferimento

krvarenje

hemorragia

srčani udar, infarkt

ataque cardíaco

moždani udar

acidente vacular cerebral

alergija

alergia

kašalj

tosse

groznica

febre

gripa

gripe

proljev

diarreia

glavobolja

dor de cabeça

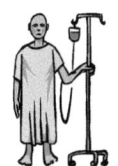

rak

câncer

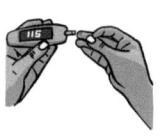

dijabetes

diabetes

hirurg

cirurgião

skalpel

bisturi

operacija

operação

CT
CT

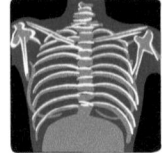

rendgen
raio x

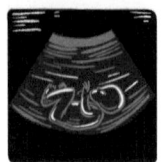

ultrazvuk
ultrassom

maska
máscara

bolest
doença

čekaonica
sala de espera

štake
muleta

flaster
bandeide

zavoj
ligadura

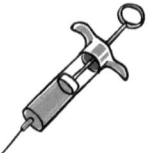

injekcija
injeção

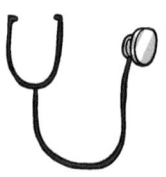

stetoskop
estetoscópio

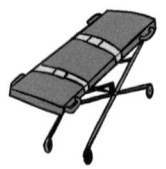

nosilo
maca

termometar
termômetro

porod
nascimento

prekomjerna težina, debljina
excesso de peso

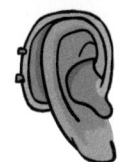

slušni aparat

aparelho auditivo

sredstvo za dezinfekciju

desinfetante

infekcija

infecção

virus

vírus

HIV/ AIDS

HIV / AIDS

medicina

medicamento

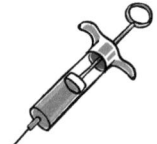

vakcinacija

vacinação

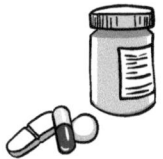

tablete

comprimidos

pilula

pílula

hitni poziv

chamada de emergência

aparat za mjerenje pritiska

dispositivo de medição de
pressão arterial

bolestan / zdrav

doente / saudável

Upomoć!

Socorro!

alarm

alarme

napad, prepad

assalto

napad

ataque

opasnost

perigo

izlaz u slučaju opasnosti

saída de emergência

Požar!

Fogo!

vatrogasni aparat

extintor de incêndios

nezgoda

acidente

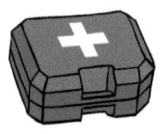

torba prve pomoći

maleta de primeiros
socorros

SOS

SOS

policija

polícia

Europa

Europa

Sjeverna Amerika

América do Norte

Južna Amerika

América do Sul

Afrika

África

Azija

Ásia

Australija

Austrália

Atlantik

Atlântico

Pacifik

Pacífico

Indijski okean

Oceano Índico

Antarktički okean

Oceano Antártico

Arktički okean

Oceano Ártico

Sjeverni pol

Polo Norte

Južni pol

Polo Sul

Antarktik

Antártica

Zemlja

Terra

zemlja

terra

more

mar

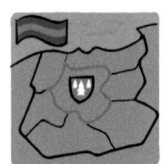

ostrvo

ilha

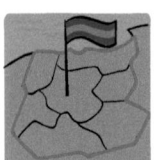

nacija

nação

država

estado

brojčanik sata

mostrador do relógio

kazaljka sata

ponteiro das horas

kazaljka minute

ponteiro dos minutos

kazaljka sekunde

ponteiro dos segundos

Koliko je sati?

Que horas são?

dan

dia

vrijeme

tempo

sada

agora

digitalni sat

relógio digital

minuta

minuto

sat

hora

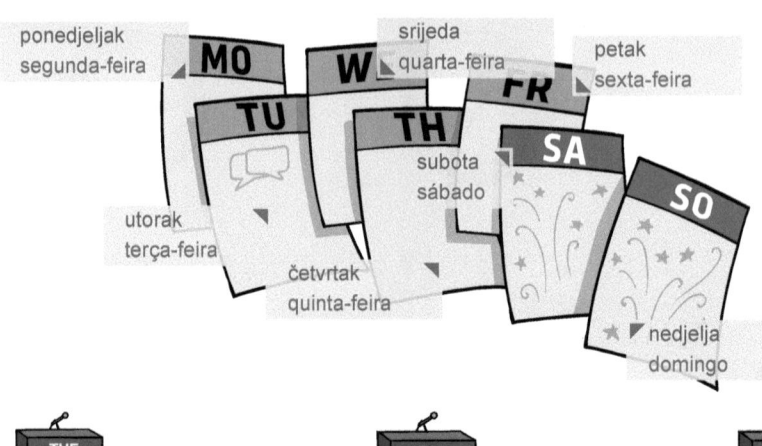

ponedjeljak
segunda-feira

srijeda
quarta-feira

petak
sexta-feira

utorak
terça-feira

subota
sábado

četvrtak
quinta-feira

nedjelja
domingo

juče

ontem

danas

hoje

sutra

amanhã

jutro

manhã

podne

meio-dia

veče

entardecer

radni dani

dias úteis

vikend

fim de semana

godina
ano

kiša
chuva
duga
arco-íris
vjetar
vento
snijeg
neve
proljeće
primavera
jesen
outono
ljeto
verão
zima
inverno

4.APRIL 11°
5.APRIL 4°
6.APRIL 13°
7.APRIL 8°
8.APRIL 10°

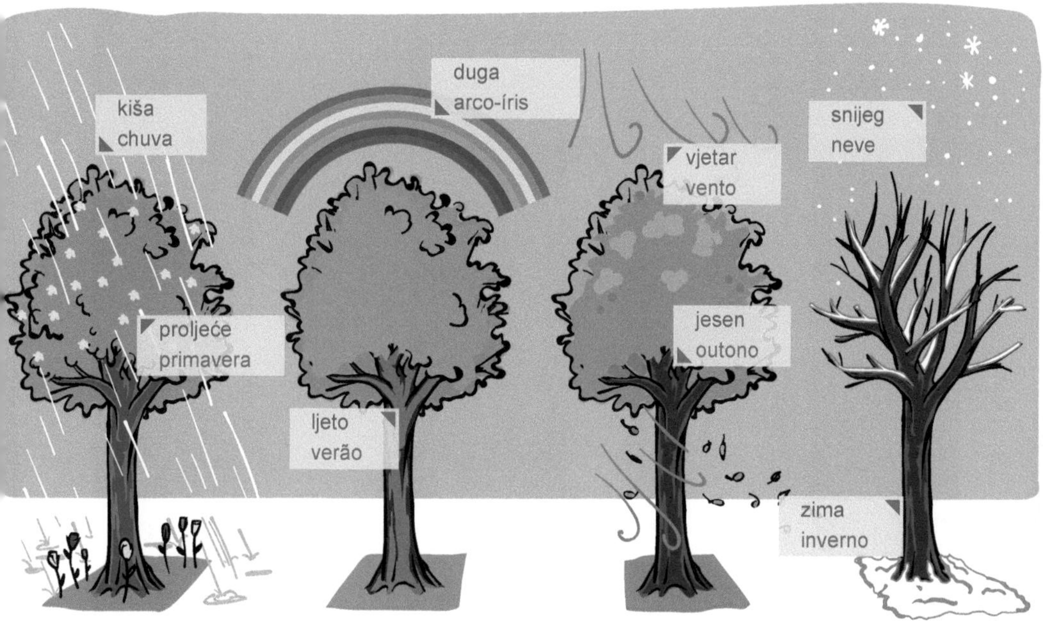

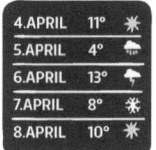

prognoza vremena

previsão do tempo

F C
120 90 60 30 0 -30
40 30 20 10 0 -10 -20

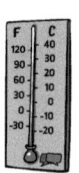

termometar

termômetro

sunčev sjaj

raio de sol

oblak

nuvem

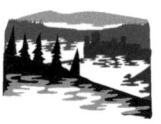

magla

neblina / nevoeiro

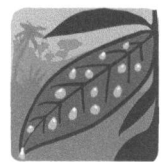

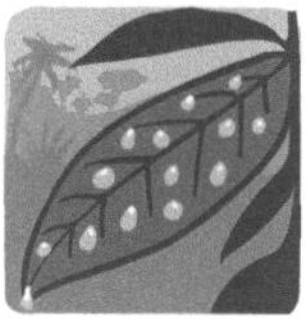

vlažnost vazduha

umidade do ar

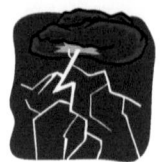

munja

relâmpago

grom

trovão

oluja

tempestade

tuča, led

granizo

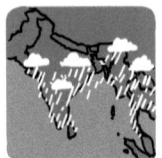

monsun

monção

poplava

inundação

led

gelo

januar

janeiro

februar

fevereiro

mart

março

april

abril

maj

maio

juni

junho

juli

julho

avgust

agosto

godina - ano

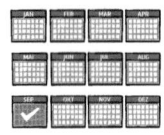

septembar
....
setembro

oktobar
....
outubro

novembar
....
novembro

decembar
....
dezembro

oblici
formas

krug
....
círculo

kvadrat
....
quadrado

pravougao
....
retângulo

trougao
....
triângulo

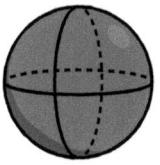

kugla
....
esfera

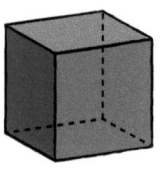

kocka
....
cubo

bjel

branco

žut

amarelo

narandžast

laranja

pink

rosa

crven

vermelho

ljubičast

lilás

plav

azul

zelen

verde

smeđ

marrom

siv

cinza

crn

preto

malo / mnogo

muito / pouco

ljutit / miran

furioso / tranquilo

lijep / ružan

lindo / feio

početak / kraj

começo / fim

veliki / mali

grande / pequeno

svijetlo / tamno

claro / escuro

brat / sestra

irmão / irmã

čist / prljav

limpo / sujo

potpun / nepotpun

completo / incompleto

dan / noć

dia / noite

mrtav / živ

morto / vivo

široko / usko

largo / estreito

ukusno / neukusno

comestível / não comestível

zao / prijatan

mau / gentil

uzbuđen / dosadan

entusiasmado / entediado

debeo / mršav

gordo / magro

najprije / najkasnije

primeiro / último

prijatelj / neprijatelj

amigo / inimigo

pun / prazan

cheio / vazio

trvd / mekan

duro / macio

težak / lagan

pesado / leve

glad / žeđ

fome / sede

bolestan / zdrav

doente / saudável

ilegalan / legalan

ilegal / legal

inteligentan / glup

inteligente / idiota

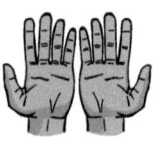

lijevo / desno

esquerda / direita

blizu / daleko

perto / longe

nov / polovan

novo / usado

ništa / nešto

nada / alguma coisa

star / mlad

velho / jovem

uključeno / isključeno

ligado / desligado

otvoreno / zatvoreno

aberto / fechado

tiho / glasno

baixo / alto

bogat / siromašan

rico / pobre

tačno / pogrešno

certo / errado

hrapav / glatak

áspero / liso

tužan / srećan

triste / feliz

kratak / dug

curto / longo

spor / brz

lento / rápido

mokro / suho

molhado / seco

toplo / hladno

ameno / fresco

rat / mir

guerra / paz

0

nula

zero

1

jedan

um

2

dva

dois

3

tri

três

4

četiri

quatro

5

pet

cinco

6

šest

seis

7

sedam

sete

8

osam

oito

9

devet

nove

10

deset

dez

11

jedanaest

onze

12

dvanaest

doze

13

trinaest

treze

14

četrnaest

quatorze

15

petnaest

quinze

16

šesnaest

dezesseis

17

sedamnaest

dezessete

18

osamnaest

dezoito

19

devetnaest

dezenove

20

dvadeset

vinte

100

sto

cem

1.000

hiljada

mil

1.000.000

milion

milhão

engleski

inglês

američki engleski

inglês americano

kinesko mandarinski

chinês mandarim

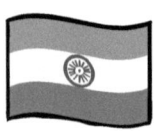

hindi

hindi

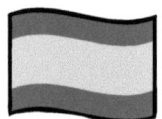

španski

espanhol

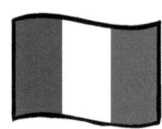

francuski

francês

arapski

árabe

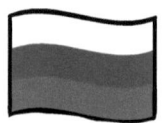

ruski

russo

portugalski

português

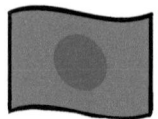

bengalski

bengalês

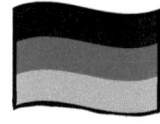

njemački

alemão

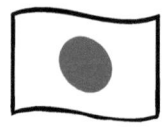

japanski

japonês

ja

eu

ti

você

on / ona / ono

ele / ela

mi

nós

vi

vocês

oni

eles / elas

ko?

quem?

šta?

O quê?

kako?

como?

gdje?

onde?

kada?

Quando?

ime

nome

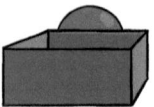

iza
....
atrás

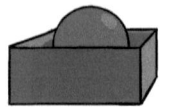

u
....
em

pred
....
na frente de

iznad
....
sobre

na
....
em cima

ispod
....
debaixo

pored
....
do lado

između
....
entre

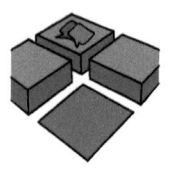

mjesto
....
lugar